ぶれない意見のつくりかた

千利休・自分らしく働くための11作法

濵畠 太

誠文堂新光社

❖――プロローグ「利休は現代も、ここにある」

千利休。

およそ四百年前のその人物は、茶人という枠に収まりきることはありません。

商人の街に生まれたが、単なる商人ではない。

戦国の世に生きたが、武士ではない。

商人の街で磨き上げた感性を頼りに、自らの身を「茶道」に置くと決め、全うし、ある意味では戦国の頂点に立ったと言える人物です。

その四百年、いや、それ以前からの長い歴史と広い世界を顧みたとき、いかなる偉人であろうと、たった一人の人物など「1つの点」に過ぎません。

しかしこの千利休という1つの「点」を開いてみたとき、

客人や茶そのものに対する姿勢、つまりは利休の「生きざま」というものが、余りにも強い光を放っていることに気づかされるのです。長い時間を過ぎても朽ちることのない、むしろ新鮮なままでのその光は、現代の世を生き抜こうとする私たちが仕事に対して取るべき姿勢に、そのまま反映・応用させることができるものです。

中でも特筆すべきは、2つの「姿」です。

1つは、「自らの意志を貫く強さ」。
仕事に対して意志を強く持ち、それを実行に移す姿は、周囲に揺るぎない「自信とこだわり」を印象付けることになり、場の空気を自分の色に塗り替えます。
その空気の中で、利休の美しき茶道がほどかれていくのです。

自分の「意志」。
つまりは、自分の感性を貫くことの重要さを考えてみましょう。

なぜ感性を貫くことが必要なのでしょうか。

今より少し前の頃までは、価格や性能の差で売れるものが決まっていました。

つまり、「安いもの」「性能のよいもの」が選ばれる時代だったのです。

そういった時期を経過し、社会、家庭におおよそものが満たされてきたとき、少しばかりの余裕は、価格や性能など「実質的価値」よりも、自らの感性を揺さぶるもの、そのものが抱く「付加価値」を重視するようになってきました。

心の余裕ができ、買い手が「感性」で商品を選びはじめたとき、売り手も「感性」で立ち向かう必要に迫られたわけです。


しかし、ふと我に返り、私も含めた一個人の日常に焦点を合わせてみたとき、正直に言ってしまえば「感性」などなくても仕事はできてしまいます。

与えられたことに疑問を持たず、上司やクライアントに言われるがまま進めることもできれば、ずる賢い知恵や手抜きの方法はキャリアを積むにつれて巧みになってくるものです。しかし、「今よりもいい仕事をしたい」「自分が切り拓いていきたい」という願望が少しでもあるならば、そのような受け身の働き方では何も起こりようがありません。モチベーション高く仕事をしたい場合に限れば、感性は必要不可欠な要素となるのです。

正面から仕事に向き合い、問題提起をして、それによってムーブメントが起こる。

そして、ムーブメントの中心には、自分がいる。

もちろんその問題提起はお客様のためであり、世の中のためです。

キャリアを積むにつれて、そのような意思のこもった働き方ができるようになりたいものです。

そして、「意志を貫く強さ」につづき、もう1つは、「価値を見定める力」。

利休の生まれ育った「堺」という街。当時は国際交易で栄えた一大都市でした。

多くの人、もの、金、情報という資源が行き交うこの街で、利休にとって必要だったのは、「審美眼」です。他人の評価や、金銭的価値、風潮などに左右されることなく、見た目の奥にある「本質」、本当の価値を見抜く目が必要でした。

本質を究めるという作業工程は、やがて自らつくり上げた茶の世界に「覚悟」を宿すための源に至ります。

つまり、茶道具1つ、作法、振舞いの1つひとつに「本質」を重視するという心がまえが、茶の一席における一連の流れの中に存在する全てを洗練し、その果てに客人に対して、「相手の心」というたった1つだけを重要視するという境地に至ったわけです。

つまり、茶には「もの」や「こと」ではなく「互いの心」のみが重要であるという答えに行きついたのです。

茶も、茶道具も、それ単体で考えれば「たかが」と言ってもいいようなもの。そこに心を加えることで、茶道は極まれていきました。

以上、「自らの意思を貫く強さ」、そして「価値を見定める力」。

この2つの働く姿勢をはじめとした利休のエピソードを「現在」というフィルタに通して、132の言葉に細分しています。

そのうち1つでも心に響き、利用できる項目を見つけることができれば、四百年の歴史があなたの仕事や生き方に憑依し、DNAのように受け継がれることになるのです。

利休を語るためには、現代まで受け継がれている「茶道」が織りなす世界観を参考にし、僅かに残る言葉や逸話を引用し、拡大解釈するしかありません。残された物語でさえ、没後の創作があるかもしれないのです。

この本は、その拡大解釈と、感性に関する書籍を執筆する著者自身の経験値を加えた脚色を許容していただくうえで書き記すものです。

歴史書でもなければ、茶道を学ぶための本でもありません。本から感性や働き方を抽出しようとする以上は、「この本は、何を伝えたいのか」「著者は、何が言いたいのか」という「書き手上位」の読み方ではなく、「あなたがなぜ、この本を手に取ったのか」という潜在意識に立ち返り、そのことに向き合いながら、1つ1つの項目をあなたの感性で濾過し、心に浸透させていただきたいのです。濾過された後に残るものが、今のあなたに必要な言葉です。この本は、読み手が主軸となり、読み手の感性に内容を一任して完成されます。

著者としてかたくなに譲らず、このプロローグで明らかに掲げることは、ただ1つ。『千利休がつくり上げた世界に、そして、生きてきた軌跡の中に、現代の社会人が手に入れるべきものがある』という事実です。

CONTENTS

ぶれない意見のつくりかた

千利休・自分らしく働くための11作法

第1章 洗練されている……15

自らを極め、飾りをそぎ落とす

第2章 純粋無垢……29

まっすぐな心で、相手の心をさしはかる

第3章 さりげない心遣い……43

相手の意識のないところにも気を配る

第6章 身の丈を知る……85

力を発揮するためのベースを整える

第7章 敬意を払う……99

与えられたもの全てに感謝する

第10章 常に、表現者である……141
小さな存在だからこそ、恐れずに果敢に仕掛けていく

第11章 意志を貫く……155
誰の目でもなく、自分に恥じない道を歩く

第1章

洗練されている

自らを極め、飾りをそぎ落とす

茶室をあえて狭くし、互いの心を通い合わせることを重視した利休の茶。
室外と切り離された空間には、平等な空気と時間が流れます。
確実に心が伝わる場に挑むのですから、
自らの心を鍛えなければなりません。
また、洗練されている状態とは、おおよそシンプルなもの。
それが、美しさをより際立たせるのです。

001

まっすぐな本心を、まっすぐに伝える

何かの答えを出さなければならないとき、
考え、悩み抜いた果てにあなたの気持は整理され、
「整った言葉」に置き換わるかもしれません。

しかし一方で、考え過ぎた言葉というのは
考えた時間を経た分、本来の意志が少し薄れた、
体裁重視のようなものになってしまいます。
つまり、「整っただけ」の言葉。

言葉が相手の心の的を鋭く射るとき、
それはきっと、まっすぐな本心を、透明な思いを伝えるときです。
何の疑問も違和感もなく、
心の中に単純明快に入っていくような言葉なら、
相手はいつまでもそれを覚えていてくれるはずです。

002

原点との往復が、自分を磨く

ある一定の経験を積んだとき、
その蓄積は大きな「強み」になりますが、
考えが固定化されるという意味では、
同時に「弱み」にもなりかねません。

原点とは、初心です。
積み上げた経験が大きく素晴らしい人ほど、
初心に帰り、自らを奮い立たせていた原動力を再確認してください。
きっと、強い思いで動きはじめた初心の自分自身の姿が、
懐かしくも輝かしく見えることでしょう。

初心に帰り、そしてまた現在地でさらなる経験を積む。
この往復がゆるぎない強みをつくりあげるのです。

003

答えは、自分の中にある

時代《とき》の権力者、織田信長は、
「名物」と言われる茶道具を集め出します。
有名なもの、舶来品、高価なものばかりです。
しかし、利休が重視するのは、
有名かどうかでも、高価かどうかでもありません。
本質的に美しいかどうかです。
それを自らのセンスで選びきるのです。

ビジネスシーンにおいて、いくつかの「選び方」があります。
たとえば、「多数決」。
たとえば、「有識者や上位者の意見」。
しかし、できることなら、
自分の感性を信じて、自分で判断したいものです。
とくに「美しいのか、美しくないのか」など、
答えが一概に言えない場合は、
自らの心に問い、答えを導き出すべきです。

004

上質な経験を積む

「経験」が、あなたを洗練していきます。

だからこそ、有意義な経験、上質な経験を積む必要があるのです。

無駄な時間を費やすことは、
それもまた辿ってきた道、つまり経験になりますから、
そんなことをしていては、
あなたの価値が上がらなくなってしまいます。

「空いた時間に、何をやるべきか」。

「何にチャレンジするべきか」。

「それを買うべきか」。

「誰と居るべきか」。

あらゆる選択のシーンに対して、
「自分にとってどちらが上質な経験になるか」という観点で
考えてみてください。

005

これまでの生き方より、これからの生き方

素晴らしい実績、功績のある人は
それを糧にして、さらなるステージに進み、
引き続き素晴らしい人生を歩みます。

それを羨ましがるのも、目標にするのもあなたの自由です。
しかし、何よりも大切であり、忘れてならないことは、
「今までどう生きてきたか」よりも、
「ここから先、どういう生き方をするのか」ということです。
もし、今までの道のりで失敗や無駄がたくさんあっても、
ここから先、姿勢を正して、果敢に進んでいけば、
きっとその道は、素晴らしい場所に続いているはずです。

周りの人からは、過去の栄光にしがみつく人よりも、
そのような生き方を今からはじめるあなたのほうが、
素敵な人生に見えることでしょう。

006

好感度を意識する

発言や振舞いの全ては、相手への印象をつくります。

著名人、有名人だけでなく、
あらゆる人は「好感度」を意識して
1つの発言、1つの振舞いを大切にしなければなりません。

あなたのことを好きでいてくれることが、
相手とのやり取りを円滑にしてくれるのです。

007

「現時点の自分」を把握する

掲げたばかりの目標さえ、明日には変わるかも知れません。
目標とは、定まることなく常に進化し、変化するものです。
今日起こったこと、今日出会った人が刺激になり、
明日をつくるのですから、それは当然のことでしょう。

今現在の自分の気持ちが
どこへ向いているのか、何を求めているのか、
変わっていく気持ちを常に把握しておくことが大切です。

今のあなたが心揺さぶられる場所に自分を置き、
話に耳を傾け、人と会い、ものを買う。
そこが、今のあなたの「定位置」です。

008

ゴールイメージの再設定

目標を定めるときは、
同時に納得のいくゴールイメージを描いてください。
描いたゴールに無事たどり着いたとき、
その場所はあなたが成長し、
次なる大きな目標を掲げられるような到達点でなければなりません。

歩きはじめたものの、もし、ゴールイメージに違和感を持ったならば、
道半ばで目標を描き直しても構いません。
その違和感は、あなたのランクが上がった証拠。
ランク上のゴールを再設定するときなのです。

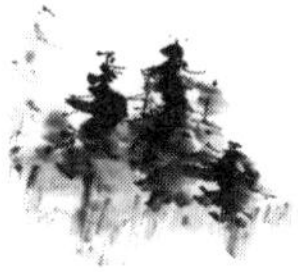

009

世の中は、美しいもので動いている

茶道の頂点に立った利休。
ある意味では、美とは何か、それを決めるのが利休でした。
そこから、世の中がさらに「美しいもの」を強く重視しはじめます。

ものごとやできごとに、価値が生まれるとき。
それは、その「もの」や「こと」が美しいからです。
理屈や常識を超えて
「これは！」と、心惹かれる何かがあるということです。

自分の心に正直になり、その感情を大切にし、
いつも、美しいものごとを見逃さないようにしてください。
ロジック・前例・システムなどといった、いかなる型にはめようと、
見た目・サービスの質・斬新さなど、いかなる切り口で計ろうと、
美しさはそれらを越えて届いてくるはずです。

010

絞られた、ひとつの言葉

心の奥に留まり、刺さって抜けない言葉は
どうすれば届けることができるでしょう。

情報量の多すぎる時代、
たとえば人の心がポストだとすれば、
毎日あふれるほどの手紙が届きます。
あなたの言葉は、その中の1通に過ぎません。

それでも伝えたいことがあるなら、
確実に相手の心に響かせるための言葉を、
ひとつだけ選んで、研ぎ澄ませて、届けてください。

絞りきった、ひとつの言葉のほうが、
相手に刺さる可能性が高まるのです。

011

実体を重視し、本質を見抜く

利休の生まれ育った堺の街は、国際貿易の拠点。
見た目の奥に潜む本質的な「ものの価値」を見定め、
見抜く力が必要でした。

本質、とは何か。

そこにある素晴らしいものは、
作為をもって整えたものなのか。
眩い輝きは表面的なものなのか。
見た目の印象や、周囲の意見に捉われることなく、
そのものが放つ存在感から、
真実の価値を導出する力を養いましょう。
それは、掴みどころのない「本質」に、少しでも近づくための力です。

012

考えを明示する

「今あるもの」を知ろうとする行為を「勉強」といい、
勉強の積み重ねが「知識」になります。
その過程は、「ないものをつくる」という行為のそれとは全く違うものです。

「茶道」は利休よりも以前から既にありました。
利休はそれを「こうあるべき」という意思のもと、
生涯をかけて進化させ、広め、
別次元のものにしていったのです。

おそらく、人が「ないものをつくる」という大きなことを成そうとするとき、
しっかりと自らの考えを示す必要があるのでしょう。
それが周囲の迷いを払拭し、その先の道を整備し、
小さな道はやがて王道に至るのです。

第2章

純粋無垢

まっすぐな心で、相手の心をさしはかる

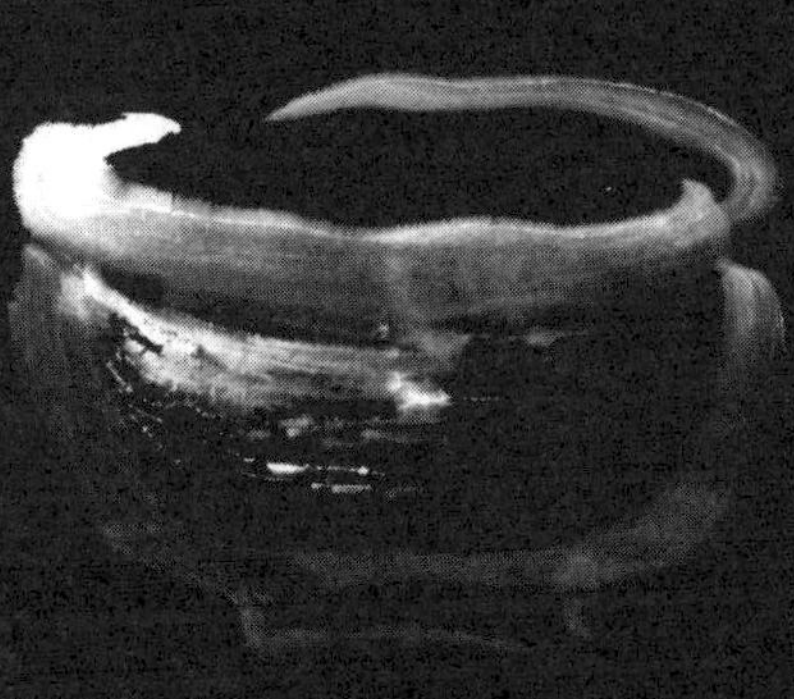

心清らかであることは、
いかなる戦略をも上回る力となります。
つまりは、知識やノウハウを溜めているよりも、
素直で心美しい人になるために精進するほうが、
ビジネスにおいても、私生活においても、
重要であるということです。

013

素晴らしいことを起こせるのは、素晴らしい人

自らの感性で茶道に革新をもたらし、
そして戦国の世に大きな影響を与えた利休。

「世界を変えたい」

「誰もが驚くことを成し遂げたい」

それは素晴らしいことです。

大きな志を持つことは、
自らに活力と躍動を与え、拍車をかけます。


しかし、素晴らしいことを起こせるのは、素晴らしい人。

そうでない人の前には、そのようなことが起こらないのです。

素晴らしい人の周りで、素晴らしいことは舞い込み、巻き起こります。
幸運も、大きな夢の実現も、
努力を重ねて素晴らしい人になった後にやってくるのです。

014

全ての力は、「人格」によるもの

戦略も、アイデアも、技術も重要なものですが、
「人格」は、それにも増して大切にするべきものです。

巧みな話術、プレゼン力、知力、経験値、根性……。
それらを上回り、「この人はいい人だ」という印象が、
無条件に重要視されるのです。

ビジネスとはいえ人間同士ですから、それも当然のこと。

様々なスキル、つまり「力」を磨くことも必要ですが、
そもそもの「人格」を磨くことを忘れてはなりません。

015

やがて、「謙虚さ」が選ばれる

千利休が確立した「侘び」の美。
それは、きらびやかなものとは逆に位置する、
不足の中に心の充足を見出そうとする意識。
清純さを尊重するさま。
どこか懐かしい景色や、風情の持つ素朴な美しさ。

その「侘び」の美を自分自身に採り入れるとすれば、
「謙虚」という言葉が相応しいでしょう。

ときに人は、目立つものに惹かれます。
華やか、明るい、大きい、高価……。
注目され、あたかもそれが「正しいもの」であるかのように錯覚します。
しかし、やがて訪れるのが、「飽き」です。
人は満たされるほど飽き、
目立つものよりも、謙虚さが選ばれはじめるのです。

016

子供心を呼び起こす

小学校の前を通りかかったとき、
子供たちの元気な声が聞こえてきました。
ふと、昔の自分を思い出し、懐かしみ、
純粋、透明な気持ちになるのです。

日々の仕事や生活の中でも、
昔の記憶を蘇らせてくれるスイッチを
自分なりに持っておくとよいでしょう。

かつての新鮮で敏感な感情を
現在に呼び起こすのです。

017

五感を揺さぶるシーン

何かを感じようとするとき、人は五感を働かせます。

あなたの感情を刺激する場所はありませんか?
場所でなくても、音楽や、何かに没頭する時間でも構いません。
そこに身を置くと、五感を刺激するシーンを覚えておいて下さい。

最近は「パワースポット」、「パワーアイテム」と呼ぶようですが、
実際に神社に行ったり、天然石を持ってみても、
何も起こらない、何も感じないという人もいるはずです。

そのような世間的に決められたものではなく、
自分の心が本当に機敏に反応する場所やものを
自分の五感で察知し、活用するのです。

018

日本ならではの美しさ

私たち日本人には、咲く花にも、散る花にも、
刹那の美を愉しむ感覚があります。
いずれも自然現象、あたりまえの風景です。

しかし、あたりまえの日常にこそ
風情を見出してきました。
見出す感性があるのです。

海外から優秀な経営論、マーケティング論が輸入されようと、
それらと平行して「日本独自の感性」を忘れてはなりません。
ここは、どこの国よりも美しい日本なのですから。

019

心も体もまっすぐに進む

「まっすぐに進む」という行動に対して、
人生というのは、ときに邪魔が入るものです。
不可抗力によって、
思いとは違う方向へ進まざるを得ないことがあります。

そのとき、「やらされる」「しかたなく」
という、自らの意思とは違う感情に変わります。
それは、心と行動が切り離された瞬間です。

もちろん、社会生活の中では、よくあることでしょう。
ただし、いくら心と行動が切り離されようと、
もともとの思いを決して忘れてはいけません。

020

幸せへの近道

人はそもそも、幸せに近づくようにできているとも言われます。

劣等感を持てば、前へ進もうとする。
傷つけば、癒されようとする。
成果が上がらなければ、違う方法を考える。
それらは全て、迷いではなく、停滞でもありません。
幸せへまっすぐに進んでいる様子です。

上手くいっているときも、いっていないときも、
素直に自分に向き合うことができれば、幸せに近づくのです。

021

仕事の過程に、壁も爪もいらない

「論破」という言葉が、痛々しくてなりません。
論理至上で仕事を進め、
仲間意識やコミュニケーションを重視しないことは
正しいのでしょうか。
それでは「相手への理解」を軽視し、
弱点を攻める技術や、
論理をすりかえるテクニックばかりが身につくことになります。

論破者一人の意見を優先するやり方よりも、
相手との間に障壁をなくし、お互いが分かり合う。
爪を隠したり、たてたりするのではなく、
能力を共有し合ったほうが、
一層の成果を生み出せるはずなのです。

022

自分の中の沸点を上げていく

価値観や感性は、人それぞれなのですから、
解り合えないときが必ずあります。
納得がいかないことや、
苛立ちを隠せないときもあるでしょう。

心の「沸点」がどこにあるかというのは、
あなたの器の大きさを示すものです。
あなたは、どのレベルの出来事に動揺してしまいますか？

怒るべきとき、苛立つときが来たら、

「この出来事は自分の沸点（器）を超えているだろうか」

心にそう問いかけてみてください。


問いかけながら少し心を落ち着かせ、その怒りを鎮めてください。

こうして沸点を、つまりは許容範囲を広げていくことで、

「怒りを表す」という美しくない姿を見せなくて済むのです。

023

素直に情報を受け入れる

自分にとって不利なことであっても、
それが事実ならばまっすぐに受け止めて、
次からの備えに入りましょう。
その事実に向き合い、これから先の新しい考えに
盛り込んでいけるのか。
そこが、あなたの力の見せどころです。

あなたはその不利な情報によって、
レベルアップするチャンスを与えられるのです。
言いにくい、嫌なことをあえて伝えてくれた人は、
そのチャンスに気付かせてくれた人。
褒めたり体裁のいいことばかりを言ってくる人よりも
感謝すべき人です。

024

目に見えない汚《けが》れを避ける

茶室では、双方が心を清らかに
純粋にすることを意識します。

目に見えない心の汚《けが》れをつくるものは
心を汚染する出来事。
可能な限りそれを避けて生きていくことが、
透明で無垢な心をつくります。

汚《けが》れなき心は、汚《けが》れなき姿勢をつくり、
相手をもてなすための最高の強さとなります。
また、あなた自身を美しくさせるものとなるのです。

第3章

さりげない心遣い

相手の意識のないところにも気を配る

茶道において、相手が意識しないところにまで気を配ることを
「おもてなし」と定義します。
人と接するとき。
それは、あなたが評価される瞬間です。
相手のことをどれだけ考えてあげられるかがあなたの価値をつくり、
お客様のことを考える時間の総量が、
ビジネスそのものを左右することになるのです。

025

知り尽くし、深く感じ取る

露地という茶室までの庭。
利休は入口までの変遷に、景観よりもプロセスを求めました。
一服の茶も、それだけなら些細な時間です。
その前のプロセスも含め、「おもてなしの一環」とし、
客人のために尽くされるのです。

「知り尽くす」ということは、その相手やものごとに向き合い、
深く感じ取るということ。
時間をかけ、知ろうとする過程で、
その人ならではの特徴が少しずつ見えてきます。
仕事であれば、表面上では分からなかった欠点や、
切り口の違った捉え方を発見できるかもしれません。

まずは「知る」。
知った時点で、どのように接していくべきか、
プロセスを組み立てていくのです。

026

心を開けば、コミュニケーションが加速する

戦国武将・加藤清正は、利休を好ましく思っていませんでした。
茶の席に呼ばれた清正は、脇差（短刀）を持ち茶室に入ります。
「あわよくば」、という心もあったのでしょう。
利休はその日、清正を前にわざと失敗を演じたといいます。
それをきっかけに二人の心は打ち解けたのです。

誠意を持って話を聞いてくれる人に対して、
人は、信頼や好意を寄せるものです。
そこであなたは、
「私はあなたを受け入れています」という意思表示を明確にしましょう。
簡単なことです。
きちんと、親身になって相手の話を聞くようにしてください。
「商談」「会議」、ときには「恋愛」も。
「聞いてくれている」と感じ取ってもらえていることで、
相手も優しく話を弾ませてくるでしょう。
心を開いてもらえることが、
コミュニケーションを加速させる原動力となるのです。

027

事前準備が、能力を最大にする

利休のこんな言葉が残っています。
「降らずとも傘の用意」
「刻限は早めに」

客人に楽しんでいただくために、
ベストな環境を備え、接するということ。

どれだけ段取りに注力できるか、そこに時間をかけられるか。
そして、不測の事態に備えられるか。
準備不足ではせっかくのあなたの心も届かず、
あなたの能力も発揮できず、水の泡になってしまいます。

常に最大のパフォーマンスを出すために
事前準備をしっかりと済ませて立ち向かうのもまた、心遣いです。

028

相手は何に喜び、何に無関心だったのか

茶は葉の産地、挽き方だけでも味が変わるそうです。

人は十人十色。
それぞれに同じやり方では、相手の心に寄り添えません。

過ごした時間を振り返ってみましょう。
客人はどういうときに嬉しく柔和になり、
どういうときにあまり関心がなく、心揺れなかったか。
それを忘れずに、次に活かすのです。

その復習と修復が、相手との関係性を強めることになります。
少しずつ心のかよう瞬間を増やしていく努力は、
やがて固い絆をつくりあげるのです。

029

温度差、価値観の差を認め合う

自分の意見を我慢して周囲を尊重すれば、
達成感が得られず、何となく腑に落ちません。
逆に自分の意見を通しすぎれば、周囲が不満を抱えます。
結局のところ、
「様々な考えがある」ということを理解するしかないのです。

人はそれぞれ価値観が違い、その時々で温度差があるものです。
それを認識することこそが、人間関係を構築し、
組織や集団が1つになるための条件なのでしょう。

030

あたりまえのことを、あたりまえのようにする難しさ

「あたりまえのことをあたりまえのようにするのが、おもてなしである」。

茶道の第一と言ってもいい考えです。


誰にでもできるような仕事を与えられたりすると、モチベーションが高いほど、やる気を失ってしまいます。

理想と現実がかけ離れているように感じるのでしょう。

しかし、それらは全て、必要な仕事です。

それをそつなく確実にこなす人だけが、果てに夢を実現する権利を得るのです。


あたりまえにできることを着実に、確実にクリアしてください。

それさえできないならば、次なる夢を語る資格さえありません。

031

相手が近づく心遣い

茶室へ入る扉、「躙口《にじりぐち》」のお話です。
その扉はあえて指先が入るほどの隙間だけ、開けてあります。
この些細な心遣いで、客人の不安は薄らぎ、
異空間である扉の向こうへと、足を進めることができるのです。
それは、四百年変わらない「おもいやり」。

このように、少しの合図、さりげない気遣いによって、
相手から近づいていただくことができるなら、
その工夫を精一杯考えてあげてください。

まだまだ、あなたの気がついていない、
やりきれていない心配りがあるはずです。

032

言葉も文字も、万能ではない

「伝えたかったことが、うまく伝わらない」ということを、
誰もが経験したことがあるでしょう。

説明不足、言葉足らずといった、
伝え方の問題だけではありません。
そもそも、言葉や文字だけでは伝えられないものが存在するのです。

雰囲気や空気感、「なんとなく」という状況など、
言葉で伝わらないものの多くは、
コミュニケーションの肝になるほど大切なもの。

「言葉は万能ではない」という事実を意識したうえで
コミュニケーションをはからなければ、
メールの一文や、発言の一つが誤解を招き、
築きあげた絆も、いとも簡単に崩れてしまうのです。

033

「もてなされる側」の経験値

タクシーに乗り、運転手さんと会話が弾むときに、
ふと思ったことがあります。
タクシー会社としての、「接客」を一番よく理解している人は、
ベテランドライバーではなく、
毎日のように後部座席に乗る「お客様」であると。

接客をする側の人は、
接客される側、いわゆる「お客様側」を充分に体感しておくべきです。
それは、お客様の心理を把握するためだけでなく、
自分自身の固定観念を否定するためでもあります。

仕事の経験を積むほど、
いつものやり方が、正しい方法だという勘違いに陥ります。
様々な業種の、様々な方法を体感し、
いつも冷静に固定観念を否定できることが望ましいのです。

034

「頼まれ事」は宝物

豊臣秀長と大友宗麟の会話が文献に残されています。
その中に、秀長から宗麟に対して
「内々のことは宗易（利休）に」相談するようにと
助言した逸話があります。
利休が相談者として、信頼されていたことを物語るエピソードです。

「頼られる」ことで存在価値は高まり、
依頼されたことに対して誠意を持って取り組むことで、
存在価値がさらに大きくなるのです。

いかなるときも、「頼まれる」「頼られる」人でありたいものです。

035

あくまで、自然に在るさま

茶の席にて、客人をもてなすために多くの計画をします。
しかし、その努力が見えることは許されず、
極めて自然のままに存在するよう、創意・工夫を凝らすのです。

相手からの反応を求めることなく、
終始自然にさりげなく振舞い、
それでも相手が満足していただいているから、
利休の仕事は美しいのです。

036

衣食住が満たされたとき

日本は、既に衣食住はほぼ満たされ、
ビジネスの本質はそこにはありません。

社会が一定の水準に達したとき、
「付加価値」という言葉を、
多く耳にするようになってきました。

人は単純な量的満足だけでなく、
質的満足にお金を消費しはじめたのです。
たとえば、「癒される」という言葉もその1つ。
あなたの仕事によって生み出される商品、サービスは、
衣食住の「満足」を超え、お客様を癒しているでしょうか。

「癒す」という言葉には、「心」があります。
「満たされる」と「癒される」の差を認識して、
消費行動を読み解く必要が出てきているのです。

第4章

状況を読む

絶妙なタイミングで事を起こす

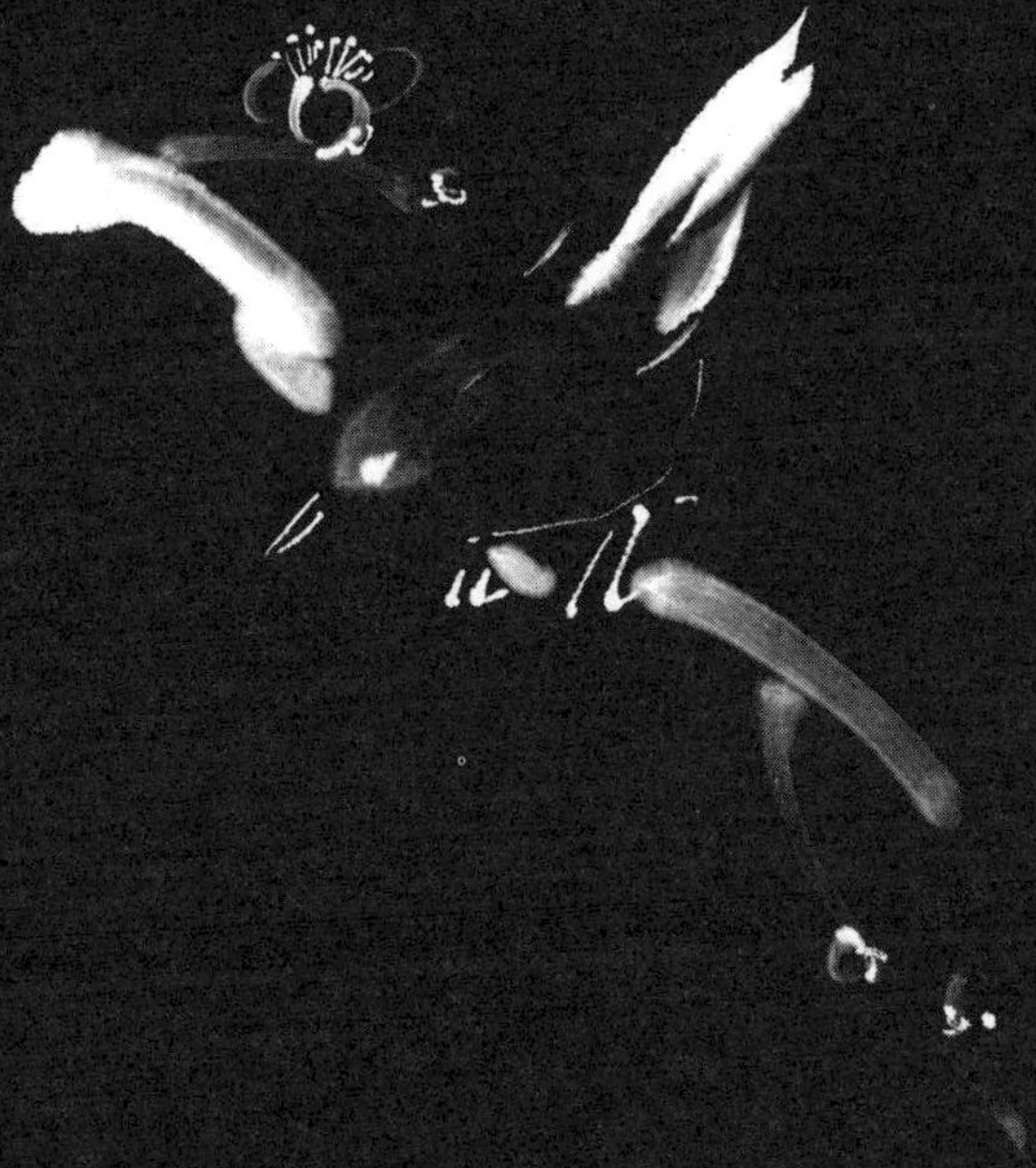

「人の行く　裏に道あり花の山　いずれを行くも　散らぬ間に行け」
利休の残した歌です。
ときには裏道を使うことで得られるチャンスはある。
しかし、事は適時に起こさなければ手遅れになる。
相手、社会、環境、そして空気。
その場にいるあなたにしか判らない状況を察知するのです。

037

花開くのは、明日かもしれない

「いつの時点で諦めるのか」。

「何度まで失敗をしてもいいのか」。

「そもそも、失敗とは何か」。

それらを判断する自分の中のルールは、
人生を大きく変化させるものです。

能力や成績に差がつくのは、「向き・不向き」とは限りません。
花にも「遅咲き」と「早咲き」があるように、
開花のタイミングが違うだけかもしれません。

焦る必要もないでしょう。

花開くのは、次の瞬間かもしれませんから。

038

適時をはかる

「まだ早い」
……だから、じっくりと考えて、自信が湧いたときに実行しよう。
「もう遅い」
……考えすぎてタイミングを失ってしまった。

この2点の間が、「ちょうどよい」、つまり、「適時」です。

絶好のタイミングというのは、とても短いときがあります。
それを逃してもまたチャンスは訪れるかもしれませんが、
いつもしっかりと意識と準備をしておくことは必要です。

気が付かずに見逃してしまうのと、
事前に把握しながら見送るのとでは、
心のあり方が大きく異なります。

039

感動に至るおもてなし

小さな茶室では、
所作の１つひとつが、心の行き先をも左右します。

あなたの行動が誠意から来るものか、または画策や演出なのか、
おおよそ見抜かれていると考えましょう。

ときに戦略的・営業的な「おもてなし」を見かけることがあります。
過剰な接待やサービス、またマニュアルに準じたサプライズ演出など、
それらは相手を「得した気分」にはさせますが、
「感動」に至るものではありません。

相手から求められていない一方的な行動ではなく、
きちんと向き合い、親身になって考えなければ、
感動を呼ぶことはないのです。

040

明日の動きを予測する

時間が経てば、状況は変わります。
しかも、人の心は状況に応じ、ころころと色を変えていくのです。

昨日の客人は、
今日も同じことを願っているとは限りません。
昨日の出来事は、
今日がどのようになるかという
仮説を立てるためのヒントに過ぎません。

〝明日の客人〟が、何を求めるかを予測・妄想することです。

041

諦めた分の容積を埋める

何かを諦めたとき、
頭で考えるべきことが1つ減ります。
頭の容積が空いた分、新しい何かで埋めることができるのです。
もし、次なる新しいことが決まっていないならば、
まだ諦めずに、そのまま頭に置いておきましょう。

何かを諦めるとき、
それは、今のそれよりも素晴らしいことを見つけ、
新しいことを考えるための容積が必要になった、そのときです。

042

節目、季節に寄り添う

茶室という閉鎖された空間でも四季の美しさを感じられるよう、
その時折々の花を生け、
懐石料理には旬の食材を盛り付けます。

古くから日本に根付く「二十四節季」
そして、今の生活に密接に絡む「五十二週」
それぞれにある「節目」「催し」は、
人々の心に季節感を与えているのです。

暦を捉えることで、客人の思いに先回りして、
驚きと喜びを与えることができそうです。

043

あなたに見合った計画の長さ

「計画」という言葉の前には、
「短期」「中期」「長期」「○年」といった、
計画の長さを表す用語が付けられます。

長期を見据えてこつこつと時間をかけ、
そこにたどり着くのが上手な人もいれば、
目先の「第一段階」のような短期目標だけを置き、
1つずつクリアしていく人もいるでしょう。

計画の長さを考えるときは、自分に無理のないよう、
あなたの特性、タイプに合わせることです。

044

「のちほど」は既に状況が違う

「茶は服のよきように点て」
「夏は涼しく冬暖かに」

茶道の心得として残された利休の2つの言葉は、
いずれも「客人のタイミング」を重視するものです。

事を起こそうとするとき、また、発言をしようとするとき。
タイミングを逃すと、なぜかスタートをしにくくなったり、
発言をためらってしまうことがあります。
考え過ぎると、的を射る感覚も鈍るものです。

よいことも、悪いことも、
自らの心が熱いうちに手を打ちましょう。
「のちほど」なんていうタイミングは有りません。
「のち」には別の人、別の気持ち、別の世界が広がっているのです。

045

数字と空気、両方を読む

事実や状況を捉えるために、
過去の実績や憶測から「数字」を算出します。
しかし、数字には現れないものがあるのも事実。
「空気」を読む力も養わなければなりません。
数字を読み解き、空気を読み解く。
その2つによってタイミングを計るのです。
いわば、「知能」と「本能」の2つを使うということになります。

046

第三者としての客観視をする

ニーズを捉えようとするとき、
「売り手の心理」「買い手の心理」が存在します。

売り手としての立場で商売を考え、
買い手としての目線で、客観的に推測する。

しかし、それだけでは不足です。
本当の「客観視」とは、
その「売り手」「買い手」双方が織りなす物語を
遠目で見られること。

その第三者の視点が、問題点を抽出し、ニーズを発見するのです。

047

未来予想図を俯瞰する

未来の自動車、未来のおもちゃ、
未来のコンピュータ、未来の携帯電話など、
多くの業態から、未来を見据えた新しいコンセプトが発表されます。
また、
「○年後には、人口は○○人になる」
「○年後には、○○の薬が開発される」
といった予測値が出されます。

これらの事柄を集め、全体を俯瞰してみたとき、
1つの未来予想図を思い描くことができます。

あなたの未来が素晴らしいものになるよう、
その予想図にある世界が実現する頃の、
あなたの立ち位置も俯瞰して予測するのです。

048

欲求を読み解く

いかなる商品やサービスであろうと、
人がお金を使うとき、それは何らかの思いを満たすためです。

お金を使ったときに満たされるのは、「物欲」だけ。
購入したものを使ったときに、はじめて思いが満たされるのです。

したがって、本当のニーズを探るときに、
売り場を眺めていても解決はしません。
ニーズは「買うシーン」ではなく、「使うシーン」にあるのです。

買うシーンをいくら追求しても
「客層」という実体のない人物像にたどり着くだけ。
使うシーンを描くことができれば、そこには欲望があり、
もう少しだけお客様の心理に近づくことができるのです。

第5章

加減を極める

相手との合間。温度差と状況を探る

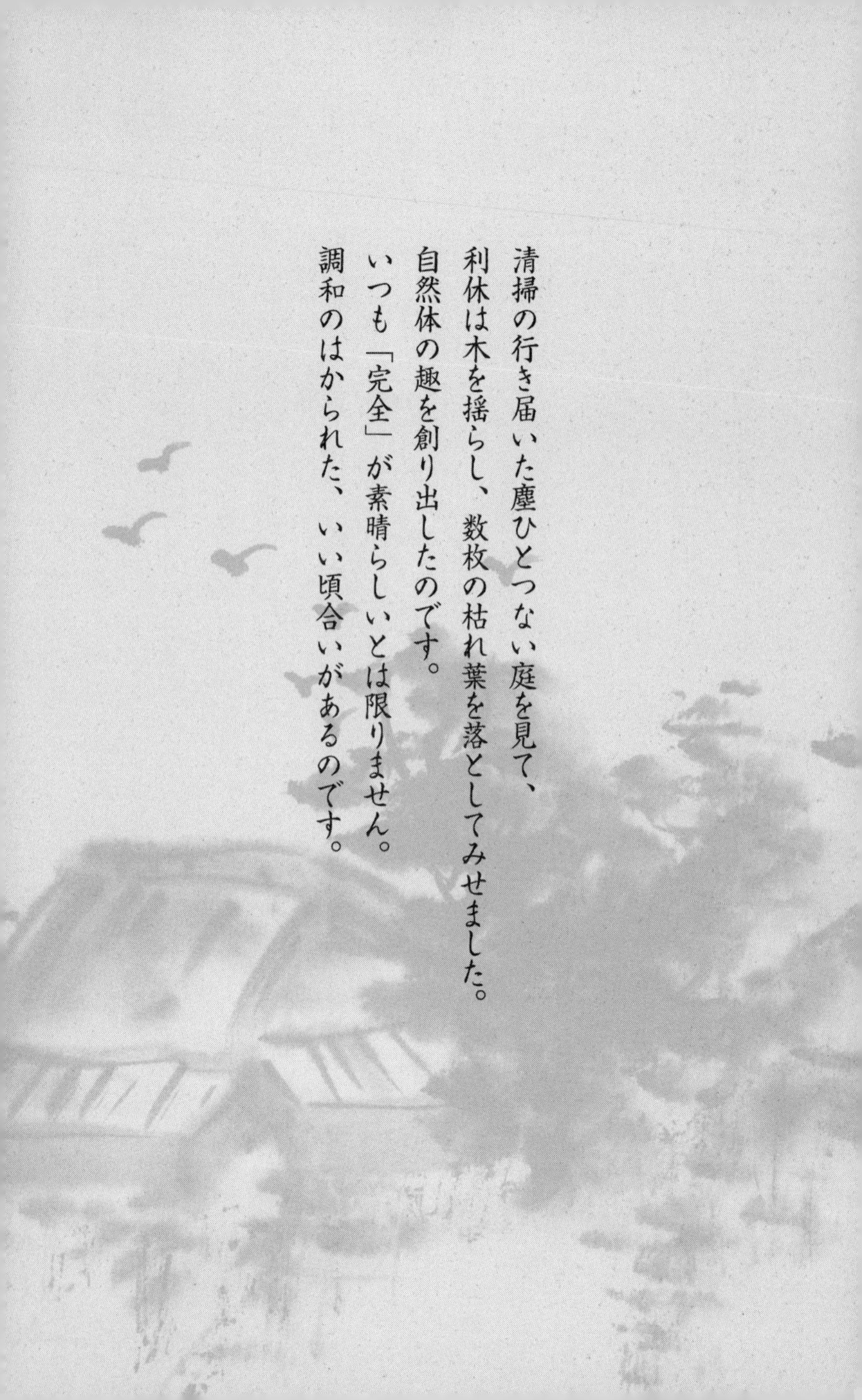

清掃の行き届いた塵ひとつない庭を見て、
利休は木を揺らし、数枚の枯れ葉を落としてみせました。
自然体の趣を創り出したのです。
いつも「完全」が素晴らしいとは限りません。
調和のはかられた、いい頃合いがあるのです。

049

自分のやり方を持つ

多くの先輩や先生方が集まる会がありました。

一人の先生に、目から鱗が落ちるほどのアドバイスをいただきました。

さらに、もう一人の先生から、すぐにでも真似したいほどのノウハウを教えていただきました。


帰り際のことです。

また別の先生は、私にこう言うのです。

「今日言われたことの逆をやりなさい」


この一言に、大切なことを気づかされるのです。

「自分のやり方」を持つこと。


「どの先生も、自分の考えがある」

という事実だけを持ち帰った、ある会のことです。

050

相手が欲しい言葉に変換する

もはや宣伝でものが売れる時代は終わったと言われています。
企業が発する情報を「宣伝」と捉えられた時点で、
それはもう、一方的な発信として聞こえてしまうのです。

言いたいことを伝えるのではなく、
「何なら聞いていただけるか」という目線で話をしてください。

「伝えたい言葉」を、
相手にとって「意味のある言葉」、「欲しい言葉」に
翻訳して伝えなければ
もはやメッセージは届かないのです。

051

偉い人の意見こそ疑う

人はどうしても、大きな声の意見や前例などに左右されてしまうものです。


たしかに、有識者は経験も高く、間違える可能性は低いでしょう。

しかし、未来を予測する力は、誰も持っていません。

誰かの経験値、成功事例から学ぶのではなく、自らの実体験から答えを出し、有識者の意見と天秤に掛けてください。

052

心を塗布する色

自らの思いを塗布し、表現するに相応しい色として、
利休は茶道具を選ぶとき、「黒」を基調にしました。
黒は色彩という域を超え、あらゆるイメージの始点であると考えたのです。

人の心もそれに似ています。
強く考えた内容によって、心は塗布され、
その色に染まります。
考えが変われば、即座に違う色を受け入れ、
内包する。

何色にも成ることができる。
だからこそ、加減よく、濃度、彩度をはかり、
それぞれの色の面積を整えるのです。

053

居心地よい場所に身を置く

「こういう人と、こういうことを考えているときに、上手く行った」

あなたが活躍した、上手く行ったときのことを思い出して下さい。
そういうところに身を置くようにコントロールできれば、
幸せな場所に繋がるかもしれません。

「少人数の会社」「大きな会社」
「後輩が多い」「先輩が多い」
「チームで動く」「個人で営業に行く」
「カフェで企画を考える」「家にこもる」

人それぞれ、上手くいく環境があるのです。

相手に合わせるわけでも、合わせていただくわけでもない。
自然でいられる空気、その居心地が、
自分を成長に導く環境です。

054

難しさを越えたとき

1つの予定を入れれば、そこから世界はまた広がります。
入れてもそれほど変わらない、波の立たない生活が過ぎていくならば、
今の環境は、進化・変化をさせてくれない環境かもしれないと疑い、
是正しましょう。

波とは、「新しい」こと。

かつて小さな舟は波を越えるのが困難でした。
しかし、新しい技術や工夫を生み、
舟は波を軽々と越えられるよう進化していきました。
難しい波に挑戦するからこそ、新しいことが生まれるのです。

つまり、
難しいとは、「新しい」こと。
今が安定し幸せであろうと、守るだけではまた落ちていくことがあります。
何も起こらない場所にしがみついていることも、リスクなのです。

055

両極端によって引き立つもの

史実は不明ですが、
ある意味では、秀吉の好んだ「黄金の茶室」が対極にあるからこそ、
利休の「侘びの美」がより際立ったように思えるのです。

ときに対極はつぶし合うことなく、
互いが際立ち、引き立て合うことがあります。

あなたへの反論があるからこそ、
逆にあなたの意見を際立たせることもできます。
対極の意見を歓迎し、
それを使いこなす知恵を身に付ければいいのです。

056

リーディングカンパニーの定義

「リーディングカンパニー」という言葉。
その業界をリード、牽引するトップ企業です。

よく、売上げやシェアが第一位の企業が、
「リーディングカンパニー」と言っているのですが、
それを聞くと、いつも腑に落ちないのです。
一位であることを誇示するような宣伝を目にするときに、
とくに、その気持ちが沸き立ちます。

もはや、企業の自慢話など
今の消費者から好感を得ることはありません。

共感の渦がヒット商品を生み出す時代には、
「一番愛されている」企業が、
本当の意味での「リーディングカンパニー」なのでしょう。

057

緊張の空気はやがて、許容に変わる

茶の席は人と人、心と心が接するところです。
所作の1つひとつが、客人の心を揺れ動かしてしまいます。

いつも本番、凛とした空気を張り、
大切な場であることを演出しましょう。

その空気はやがて、小さなことを許容できる領域に達します。
常に完璧を目指す、緊張感のある場だからこそ、
少しの失敗は、許されるものとなるのです。

058

型を利用する

型にはまらず、自らの感性で茶道を確立した利休。
「型」とは常識、概念、ルールと言い換えることができます。

イノベーションを起こそうとするとき、
それらに縛られることを嫌う傾向にありますが、
既にある型ではなく、
自分で型をつくるのであればどうでしょう。
「効率よく業務を遂行するための仕組み」や
うまくいく方法を無意識のうちに習慣化することで、
失敗の可能性を下げることができます。

059

少しの欠点は、「伸びしろ」と捉える

1つの欠点や問題点が存在するとき、
その問題によって成長が阻害されているということになります。
したがって、問題を解決すれば、その分成長をします。
問題が多すぎると、それはまた別の障害が訪れますが、
多少の数ならば、それは「伸びしろ」と捉えることができます。

060

あえて問題をつくる

今は順調で、とくに問題がないというとき、
そのままでもいいのですが、
試しに、敢えてバランスを壊してみたり、
「無理」をつくってみてください。

隠れていた小さな問題点が浮かび上がり、
修復に挑戦・努力することになります。
その問題を解決すれば、また1つ成長をしているのです。

第6章

身の丈を知る

力を発揮するためのベースを整える

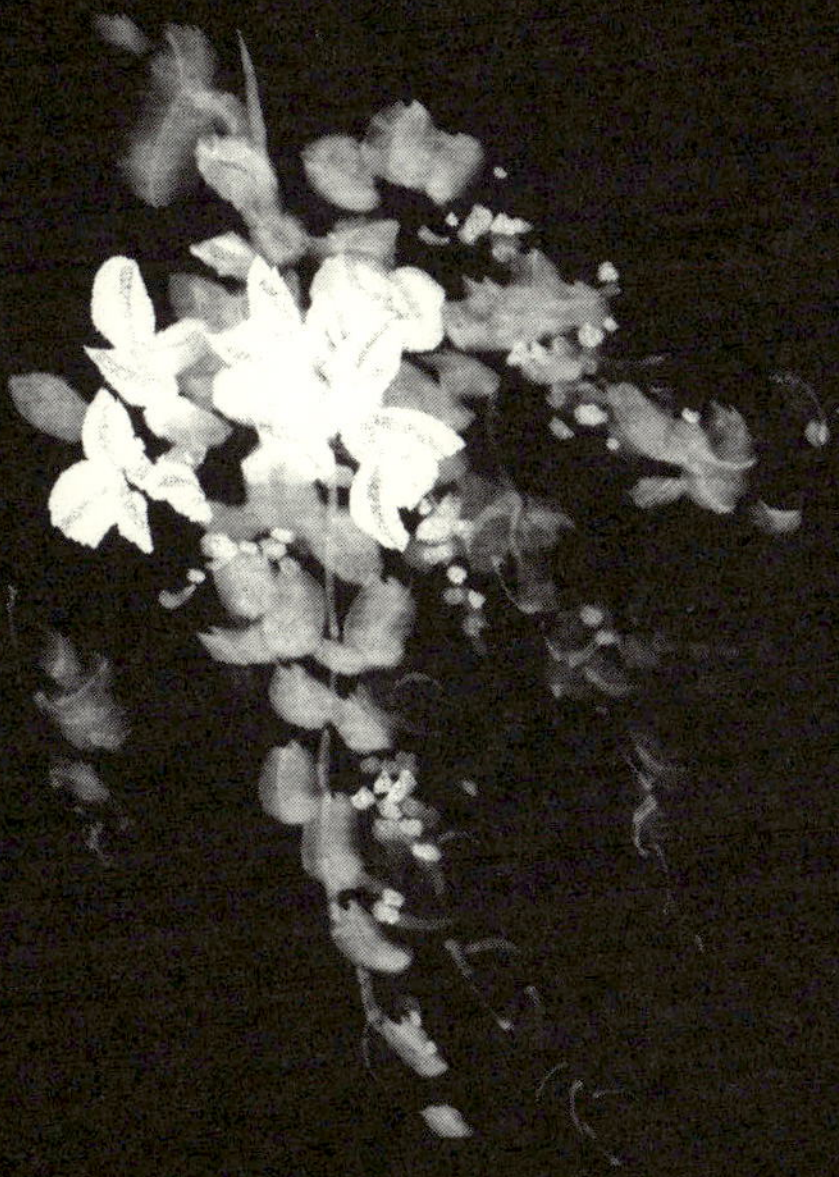

要求される水準や、自らに課す目標が高すぎると
劣等感を生み出します。
あなたには、あなたのやるべきことがあり、
また、あなた一人ではできないけれど
誰かとともにであればできるものも存在するのです。

061

成長が最大の報酬

仕事をすれば、それに見合った報酬が入ります。
つまり、いつもより多くの仕事をすれば、
いつもより多くの収入を手にします。
いつもより辛い仕事をすれば、いつもより多くの収入を手にします。
もちろんこれは「建て前」の話。
なかなか、そう簡単にも行かないのが実状でしょう。

しかし、大変な仕事を無事に終えたとき、
乗り越えた分の成長を手に入れていることに気が付きます。
たしかに、やりはじめたときの自分と比べて、
やり遂げた達成感と、
実体験として学んだことによる精神的な成長をしているのです。
これは、会社から得られる、お金を上回る報酬にほかなりません。

その成長を武器にして、
もう1ランク上の収入と幸せを取りに行くのです。

062

「作業」から「ビジネス」へ変換する

「トラブル」や「大幅な調整」が必要になってしまったとき、
「会社の指示」と「お客様の要望」の間に
挟まれているような感覚に陥ることがあるでしょう。

そのとき、発想の転換をできるかどうかが、
あなたの立場をも変えることになります。
あなたは問題に板ばさみにされて、
難しい調整をやらされているのではなく、
「問題」と、「会社」と、「お客様」を上空から俯瞰し、
ことが上手く運ぶよう「全体をコントロールしている」と、
心の持ちようを切り替えるのです。

この発想の転換は、
あなたの仕事が、「作業」から「ビジネス」に、
そして、単なる「もの売り」が「プロデューサー」に変換される瞬間です。

063

別人格が心を合わせる

異なる価値観、
異なるモチベーション、
異なることを考える人たちが、
心を合わせ、1つの方向へ進むのが「会社」です。

心が合わさったとき、計り知れない大きな力を発揮するのです。
一人ひとりの人格を無視した「利益至上」の会社や人は、
いつか、心を合わせることの大切さを思い知ることになります。

あなたは自分の「考えそのもの」に固執するのではなく、
「いい仕事をしたい」という「志」に固執することです。

064

チームを重視する

1つの発言が、ある人には発想を引き起こす要因にはならなくても、
ある人にとっては発想を誘発する可能性があります。
アイデアを生むきっかけと確率が増えるのです。

まずは「個の力」を高め、自立すること。
そして自分の能力の可能性と限界を知ること。
そこを出発点として、他者を支えたり支えてもらったりしながら、
みんなで意見を出し合い、
ムダに消耗する「競争」ではなく、
ワクワクするような「共創」関係をつくることが、
創造性の高いチームの条件と言えるでしょう。

「自分がやるのだ」という個のパワーを、
「全員で力を合わせる」ことに使うのです。

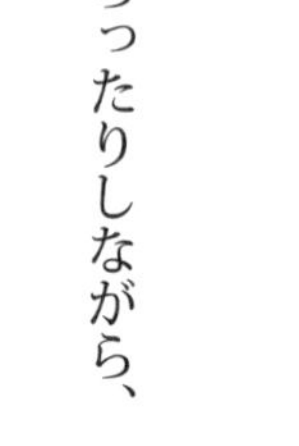

065

少数は精鋭される

ある程度の個力の高さは前提として、
そのチームにとって
ちょうどよい人数と適材適所というものがあります。

おおかたチームワークというのは、
少数精鋭であるほうが、バランスが整いやすいものです。

少数の精鋭たちを集めた集合体ではなく、
少数であること自体が、個力を高めざるを得ない環境をつくり、
自然に精鋭されていくのです。

066

協力が最大のパフォーマンスを生み出す

あなたの力を最大に発揮する方法はただ一つ。
「他人の力を借りる」ことです。

いいアイデアが浮かんだとき、
それを独り占めし、自分の手柄にしようとする行為は、
能力を最小化することになるのです。
あなたの素晴らしいアイデアを周囲に話し、
それに対しての意見を集めましょう。
その意見を反映して、自分の能力以上のものに仕立て上げるのです。

「いいもの」はいつも、自分だけでは思いつかない部分を補填し、
補強してでき上がります。

067

妥協癖をつけないこと

生きていく過程で、他人からの反感、抵抗は当然あるものです。
それを織り込んで進んでいかなければ、
少しの躓《つまず》きも大きな挫折となってしまいます。
失敗しても、抵抗されても、
かたくなに自分の決めたことを信じて、
徹底してこだわりぬく力を身につけるのです。

もし、あなたが折れて、意見を変えなければならないときが来たら、
妥協する前にしっかりと考え抜きます。
妥協ではなく、頭の中で納得した上で
「意見を進化」させるのです。
心の中でその変化を許容してから進めば、
妥協として心に残ることなく、
「意見の進化」として刻まれることになるのです。

068

満ち足りないことが原動力

計画や創造は、いつも不完全なものです。

何かをやり遂げたときは達成感もありますが、
同時に反省をするのが定例のようになっていることでしょう。
その反省は、次なる高い目標に挑戦するための力となり、
今まで以上の実績をつくる力となります。

だからこそ満たされていない部分を覚えておきましょう。
自分の仕事、自分のスキル、自分のキャリア、自分の夢。

満たされていない部分を補おうとする力が、
いつもあなたの背中を少し押してくれます。

069

宝は、人が持ってくる

会社にとって人は「人財」という財産ですが、
私生活でも同じことです。

周りの人は、あなたにとっての宝です。
そして、情報、人脈、お金、仕事など、
新しい様々な宝を持ってきてくれる人です。
話すのが面倒、会うのが面倒と思っていると、
いつしかその宝を失うことになります。
会えば必ずそこから何かにつながります。

070

生きやすくするヒント

「百聞は一見にしかず」「習うより慣れろ」

仮に、２つの言葉を並べてみただけであり、
この言葉の中身がどうということではありません。
遥か昔からある教えや言葉には、
未だに残っている理由があります。

利休の茶道も同じく、生きやすくするためのヒントがそこにあるから、
胸に刻まれ、風化しないのです。
残された多くの言葉の中には、
あなたの人生の的を射ているようなものがきっとあるでしょう。
勇気づけられたり、背中を押してもらえるような
あなたに合う言葉を探してみてください。

071

コミュニケーション能力を履き違えない

人前でも明るく振舞えることが
「コミュニケーション能力」ではありません。

あらゆるコミュニケーションは、感情を通して行われています。
したがって、感情を共有するのが上手かどうかによって、
会話の終点は変わり、結論に大きな違いが出てきます。

相手の本意をしっかりと受け取り、自らの意思も明確に伝えましょう。
意思疎通、意思交流を図りながら信頼関係を深めていける力を
「コミュニケーション能力」と言うのです。

072

勝敗を決めるもの

運や努力、そのときのタイミング、
そして判断する側のメンタルやバイアスも関与して、
「勝敗」が決まります。

そこに対してできることと言えば、
自分が勝つのを信じきることです。
信じる力の強さで勝敗が決まると思い込みましょう。

「強い人」、「頭のいい人」に限って余計なことを考えてしまい、
信じる力が揺らぎやすかったりもします。

そうなってくると余計に、強い人や賢い人が勝つとは限らなくなってくるのです。

第7章

敬意を払う

与えられたもの全てに感謝する

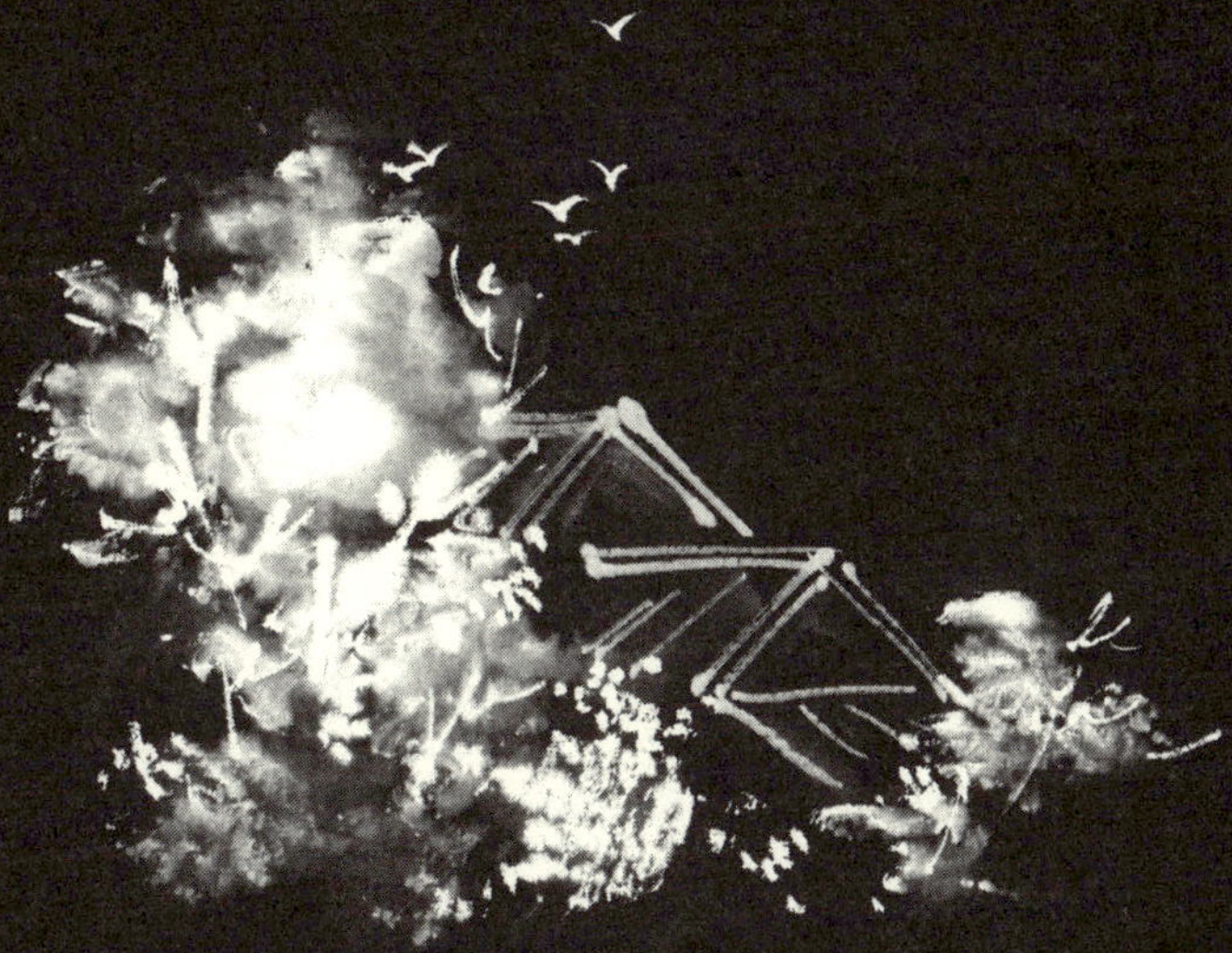

あらゆる事象は、与えられたチャンスです。
それをプラスに捉えられる力が、
それを越えられる力に繋がります。
全ての出来事を「自分事」として捉え、
逃げずに立ち向かうとき、
心の中に強さと感謝が同時に芽生えるのです。

073

全ては必要不可欠な学び

混雑する街を歩くときに、
その行き交う人たちが、「自分のことを歓迎してくれている」と思えば、
気分が少し軽やかになります。

無駄だと思えることもプラスに捉え、
人生のできるだけ多くの時間を、
プラスの気持ちで過ごすよう心がけたいものです。

面倒な仕事がまわってきたら、
そこから大きな学びを得られると思って、
好きな仕事よりも楽しんでやってみることです。

074

平和でポジティブな人

起こった出来事、投げかけられた言葉に対して、
どういう感情を持つかは、あなたの自由です。

自由だからこそ、
何に対しても平和で柔らかい感情を持つように
コントロールしてください。

ネガティブな人、ネガティブな組織からは、
何も面白いことは生まれません。

「忘れる」というのも人間の素晴らしい能力の1つです。
済んでしまったことにこだわりすぎず、
いつも前向きにいきましょう。

075

挑戦するための理由付け

何かに挑戦した結果、失敗してしまったその後悔は、
少しずつ薄らいでいきます。
しかし、挑戦しなかったことによる後悔は、
日を重ねるごとに増大し、
あなたが歳をとった何十年後にも、
大きな失敗のヒストリーとなっていることでしょう。

だから、「チャレンジするべき」という結論に至るのです。
やらない理由を探すのではなく、
やるためにはどうすればいいかを、考えるのです。

076

採点者によって評価は様々

ある中小企業の商品開発者の言葉です。
自社のものづくりについて、
「大手と１００ｍ走で戦う気なんて、一切ありません」と言い放ちます。
１００ｍ走というのは、直接わかりやすい数字（優劣）で現れます。
知名度、売上げの個数や、シェアという数字です。

しかし、フィギアスケートなどはどうでしょう。
採点者が変われば、評価の方向も変わり、
一概に「誰が素晴らしい」と言いにくい部分があります。
例えば、
「ステップやスピードは劣るけれど、４回転ジャンプだけはできる」
といったように、
どこか１カ所の存在感や表現力が、一部のお客様に喜ばれる。

つまり、この中小企業は、大手に対して正面から戦いを挑むのではなく、
身の丈に合わせたオリジナリティを作ることで、
消費者から高得点を取っているのです。

077

花は野にあるように

花は野にあるように活け、挿すこと。
利休は茶室にも、自然にあるままの花を演出しました。

そこにあり、そこに居ることが自然であり、
そのことで安心を与えられるような、
素晴らしい存在になりたいものです。

自分の中に無理があったり、余裕が足りないと
そういう雰囲気を醸し出すことはできません。

078

「いるだけ」の人はいらない

年齢を重ね、経験がついてくるほど、どの場所に居ても、「何かを生み出す力」が必要になります。与えられたものを「やるだけ」、そこに「いるだけ」の人は社会にも会社にも必要ないのです。

「協調性、オールマイティであること」を強みにするか、「イノベーションを仕掛けていくこと」を優先するか、大きくは、この2つしか方向はないのでしょう。自らはどちらに相応しいのかを把握し、苦手なほうを早めに克服する必要がありそうです。

079

お客様という「集合体」はない

「全てはお客様のために……」

そういう考えをしてしまうと、1つの罠に陥ることがあります。

「お客様とはこういうものだ」と、勝手に決め付けてしまうのです。

しかし、「客」という一単位の人格はありません。

それをターゲットとすることはできないのです。

自分がお客様であることを考えてみればすぐ解ります。

あなたは、他の誰でもありません。

あなたの独自の人格、そしてあなたならではのニーズがあるはずです。

080

勝手な解釈をしないこと

利休が客人として招かれた、ある夏のこと。
主人は旬の西瓜に砂糖をかけて利休をもてなしました。
しかし利休は、「西瓜には、西瓜の味がある」と言い、
砂糖のかからない部分だけを口にしたといいます。

「きっと喜ぶに違いない」と、
自分たちの仕事がうまくいくために勝手な解釈をしてはいけません。

「消費者にこう考えて欲しい」「こういう風に市場をけん引しよう」
などといった目論見からはじまる企画やマーケティングは、
有り得ません。

消費者一人ひとりの人格を認めず「操作」ができるほど
「人の心」は単純ではありません。
社内や会議は説得できても、市場や社会は説得などできないのです。

081

あなたが順調な証拠

多くの場合、まっすぐな人に対する不満は、
まっすぐではない人からあり、
頑張っている人に対する不満は、
頑張っていない人から出てくるものです。

自分にないものを邪魔したくなるのでしょう。

真剣なあなたに対して不満がちらほらと届くようならば、
順調な証しです。

082

企業が存在してもいい条件

お客様は会社に対して命令をしません。
しかし、無警告で離脱していきます。

いつまでもお客様に選ばれ続けるためには、
まずは、何よりもお客様を尊重し、優先することです。
そのうえで、飽きられない努力をして、
モノではなく「価値」を与える工夫をすることが、
企業が存在してもいい条件になります。

083

動きをセーブする規則は要らない

組織をより良い方向へ導き、ビジネスを成功へ導くために
「規則」をつくります。
しかし、この規則と言うものは、
ときに人の動きを拘束し、
生産性、発想力を阻害するものになることがあります。

そのような規則は、本来必要ではありません。

規則自体が何かを生み出すことはないので、
人が「消極的」「否定的」にならないよう、
システム自体はいつも人の背中を後押しするかのような、
「積極的」「肯定的」なものであるべきです。

084

優勢なときこそ、足下を定着させる

優勢、優位にあるときも、
しっかりと足下を定着させることです。

恵まれているその事実に敬意を払いつつ、
成長の停滞に注意をします。
日々平穏なときには、
怠けや失策が真横にあることを忘れてはなりません。

第8章

見立てを変える

方向も結論も、1つとは限らない

茶道における「見立て」とは、
本来の役割ではない、別のものを茶道具として使うこと。
利休は、日常生活にある雑器を代用し、茶の世界に採り入れたのです。
考えを固定しすぎると、崩れるときはもろく朽ちていきます。
「絶対」という言葉は、その範疇に縛ろうとするもの。
ならば、生きる道をも臨機応変に見立てるのです。

085

幸せのありか

富や名声を手にしても幸せではない場合があるように、
幸せかどうかを決める要因は、境遇ではありません。
どうやら、「心のありか」が幸せか否かを決めるようです。

あなたは、心を幸せの色で染めるためにどうすればいいかという観点で、
あらゆる行動を計画するのです。

幸せを目指す途中で、
人生を左右する大きな選択に迫られたとき、
その時点ではどちらの選択も正しいかどうかわかりません。
正解は、選んだ道を歩きながらつくりあげていくのです。

086

感性と論理思考

論理、つまり言葉で説明しはじめ、
伝えるべきことを語り尽くしたとき、
それでも伝えきれないことを、
自らの感性で伝えようとします。

つまり、感性は論理思考に対極するものではなく、
延長線上にあるのです。

「論理」は、感性が加わることで魅力的になり、
また、「感性」は、
論理というベースがしっかりと構築されていることで、
重厚感を増すのです。

087

好奇心を抱きつづける

子供は「なぜ？」と、よく大人たちに聞きます。
純粋な好奇心から質問が生まれます。

日々の断片や当たり前のこと、
不思議に感じたことを逃さず、
「なぜ？」と疑問を投げかけてみたり、
1つの切り口に対して、深く情報を収集することを心がけてください。
それによって、気が付かなかった新しいものを
見つけられることがあります。

088

多方向のアンテナを張る

書店や街中、お店を視察したりと、
課題に対してのヒントを探しに出かけていると、
その課題に対しての、「ものの見方」しかできていないことに
気づかされます。

多方向、並列的にアンテナを張ることができなければ、
大切なものを見落としてしまうのです。

089

心理には心理で立ち向かう

経営学によって会社を経営し、
マーケティング学によって、売上・顧客を獲得する。
このような会社の縮図は、既に限界が来ているようです。

経営学のセミナーを聞きに行っても、
マーケティング学の研修を受けても、
必ず出てくるのが、「顧客の心理」という言葉です。

顧客の心理に近づきたいならば、
経営者や一人ひとりの仕事も、
心理学を採り入れる必要があるのです。

090

変化した後の世界に先回りする

環境の変化がチャンスをもたらすことがあります。
「法改正」「天変地異」「人口や金利の動き」など
多くのものが環境を変える要因として挙げられます。

それを見据え、先取りするのは簡単ではありませんが、
起ころうとしている変化を至近距離で捉え、
常に意識していることならばできそうです。

それにより現在のニーズ、「動き」を把握し続け、
市場の空きスペース、
つまりチャンスを探る作業が並行して行えるのです。
常に、時代や社会の変化を「追い風」にしなければなりません。

091

多くのインプットをする

「きっと、こういう時代になる」

「こういう商品がヒットするだろう」

そんなふうに、先を読むのが上手な人がいます。


もちろん、的確に未来を予測することなどできません。

ただ、経験値から、おおよそ想像ができるのでしょう。

培った経験が、情報量になります。
あらゆるジャンルのあらゆる情報が心の中を通り、濾過されたとき、
自然に何か「予感」のようなものが残り、
未来を予測するヒントになるのです。
色々なものを見て、インプットの量を増やすことによって、
少しだけ未来を予知する力が芽生えるのです。

092

知識と知性

知識だけを武器にして仕事をしていく人は、

「答えのある問題」に対しては適応力があるでしょう。

しかし、「答えのない問題」に弱いところがあります。


「この企画で言いたいことは？」

などと、答えを求めてしまいがちですが、
早く答えを出すことが、素晴らしいこととは限りません。

「問い続ける」という働き方もまた、必要です。

問い続ける姿勢は、知性をつけていきます。

知識だけではなく、「知性」を育てることが、
あなたの仕事に対する総合力を大きく進化させてくれるでしょう。

093

知性を身につける

知性とは、イノベーション。
目の前の現実を「変革」する知の力です。
「知識」だけでは、その領域までたどり着くことはありません。

いくら知識を使っても、
これまでの世界に対する「解釈」に留まります。
過去を見て、対策を練ることにはそれでもいいでしょう。
しかし、新しいことを考える、
つまり、過去を見て、「変革」を起こすことは、
知識ではなく知性が成せるものなのです。

094

困難が可能性を引き出す

困難に立ち向かおうとするとき、
それは、あなたの可能性を引き出すときでもあります。

もちろん、その困難を克服できるという約束はありません。
その代わり、成長が約束されています。

困難を越えるために努力し、学び、
それが成長につながります。
その成長はきっと、
あなたの求めている夢や希望へ繋がっているのです。

095

目指すからこそ、迷い道がある

「前に進みたい」
「工夫したい」
「やり遂げたい」
「もっとよくならないか……」

この前向きな姿勢や試行錯誤があるからこそ、迷いが生じます。
迷って迷って、答えを見つけるために新たな知識を得て、
作戦を立て、人に聞いて、
迷いを和らげて、また少しずつ前へ進める。

毎日が「成長局面」というものです。
未来は決まっていません。つくるものです。
だから今日も、明日も、迷って迷って、進んでいくのです。

096

優位性の変化

時代が変わるとき。
それは、世の中の優先順位や優位性に変化が生じるときです。
象徴的な権力者や、人気を博したものが衰退するとき、
それは、「パラダイムの変換」を予感させるものです。

今、何が熱く、旬であり、人気があり、強いのか。
常に見極めながら、間もなく訪れる近未来を占うのです。

第9章

一期一会に尽くす

出会いも仕事も人生も、一回限りとして考える

一期一会の象徴として、一輪の花を茶室に飾ります。
あらゆるところに作為を凝らしても、
花に対しては手の施しようがありません。
人は、失敗を糧にして成長します。
やり直しも許されますが、
できる限り「尽くす」ということを忘れてはいけません。
失敗前提ではなく、ここで決めるという前提のもとで行動をするのです。

097

これが最後のチャンスと思えば、仕事の姿勢も大きく変わる

青竹の初々しい茶道具は、客人をもてなした後、潔く捨てられます。
客人のために、豪華さや貴重さではなく、一期一会に尽くし、誠意を示すのです。

ひとときの時間は終わりに近づき、客人にも、もてなす側にも、別れの切なさがこみあげます。
そして、「次もしっかりともてなそう」という心が自らに芽生えたとき、客人もまた、尽くした誠意を感じてくれているのです。

098

時間は経ていくもの

時間は当たり前のように経過し、
人の思いも、それに比例して変わっていくものです。

ある経営者はこう言いました。
1年経ったら、一から確認をすること。
2年経ったら、本当にこのままでいいのか、疑うこと。
3年経ったら、そのやり方を全て捨ててしまうこと。

「かつてこうだった」という残像を徹底的に無視し、
常に、今を見つめ、今をヒントに考えなければなりません。

099

急がなくても、先へ進むこと

利休が茶の道を歩みはじめたのは十六のとき。
そこから先、どれだけ多くの時間を茶に費やしたことでしょう。

選択肢が多いほど自由度があるとは限りません。
選択肢が多いほど悩み、立ちすくみ、
時間を取られる可能性があるのです。

時間は有限です。

「選択」に時間を使わず、
進んだ道の整備と、
行く先々に明りを灯すために時間を使ってください。

100

見返りを期待しない、ひとつ上の自分

おもてなしというのは、
その努力を見せないわけですから、
心に届くかも、気付いてもらえるかさえも分からないのです。
準備や努力の大きさと比較すると、とても非効率なものです。
「おもてなしは非効率である」「それでいい」と、
割り切ったうえで尽すしかないのです。

見返りを期待せず、芽生えた誠意のままに動く。
それもまた、その瞬間を美しく生きていく力に積み重なるのです。

101

世界を拡げてくれる一人

もし、「苦手な人」がいるなら、その人にこそ、待っているのではなく、こちらから近づき、一番の思いやりで接してみてください。

コミュニケーションが得意ではない人や、気難しそうな人にこそ余地があるものです。一人を制すれば、その先にはまた人がいて、仕事があって、楽しさがあります。

まだ会話さえもしていない人たちがみな、あなたの世界を広げてくれる一人です。

102

潔さを身につける

時間もお金も、未来あるものに投資をします。
そうしなければ、枯れた草木に水を与えるようなもの。

冷たいようですが、
薄れていくものに対しての投資を避けることは、
自分のためであり、発展のためであると、
潔く割り切るのです。

103

まずは自分が満たされる

シャンパンタワーの最上階が「自分の心」だとしましょう。
上から2段目が家族の心。
3段目が友人の心。
4段目が会社のこと。
いちばん下、5段目が社会や地球のことです。

上からシャンパンを注ぐと、まずは自分のグラスが満たされ、
やがて家族のグラスに注ぎ渡ります。
家族が満たされると、ようやく3段目の「友人」のグラスへ。

誰かに「与えよう」という気持ちは、
自分自身がある程度満たされているから、湧き起こるものです。

104

人脈は人脈を呼ぶ

「人脈を広げても、活用しなければ意味がない」
なんて言う人もいますが、
何かに「使おう」という発想のほうが失礼です。

当たり前ですが、人は人と繫がっています。
多くの人と出会うほど、多くの人を呼んできてくれます。
そして、夢を語れば、応援してくれる人が現れます。
困っていれば、気に掛けてくれる人が現れます。

出会えたその人が、いつか、何かにつながる架け橋に
なってくれる可能性を秘めているのです。
だから、繫がっているだけで、
とても有り難いと感謝を忘れずにいるのです。

105

人生は、偽りのない履歴になる

生きていくことも、仕事をしていくことも、恋愛をすることも、やることなすこと履歴となって残るからこそ、日々、誠意と覚悟をもって進んでいくのです。

出来事の大小を問わず、履歴は自らが歩み判断した実績です。

そこに、誰の力も関与しません。
自分の履歴を誰かのペンで書いても仕方ないのです。

106

知力は外でつくられる

四百年を経過し、茶の世界は、
美を学び、日本人の姿勢を学ぶ場へと進化しました。
多くの人が利休の志を受け継ぐかのように、
今も茶道に寄り添うのです。

人生において、学ぶべきことは無限にあります。
ただし、自分の生活圏や社内には少なく、
あなたの生活圏の外側、違う世界に多く存在します。

学ぶためには、同世代、同業、同郷といった、「同」を飛び出すのです。

107

美の一点集中

朝顔を観たいと、茶の席を求めた豊臣秀吉。
その日、利休は庭の朝顔を全て切り落とし、秀吉を迎えるのです。
朝顔のない庭を見て残念そうな秀吉が茶室に入ると、
中に一輪だけ、朝顔が生けてあります。
凛とした一輪のその花は、無数に咲く庭のそれよりも際立ち、
強い存在感を放ちます。
美を集中させ、その席を演出したのです。

「歓迎」とは華やかな見た目や、数量で行うものではありません。
相手に心地よい印象を与えることが大切なのです。

108

誰のための仕草か

たとえば、自分が着る洋服を選ぶとき、
自分のためなのか、
自分のことを見てくれる「他人」のためなのか。
これは難しい問いです。

それでは、絵画の「額」はどうでしょう。
絵画のためなのか、
絵を鑑賞する人のためなのか、
絵を飾る持ち主や作者のためなのか。

額は絵の価値を上げることも、下げることもありませんが、
絵の印象を大きく左右します。
それであれば、洋服選びも、身振り、身なりも、自分のためなのでしょう。

第10章

常に、表現者である

小さな存在だからこそ、恐れずに果敢に仕掛けていく

武士のたしなみとして広がった茶道。
利休は自ら学び、そこに建築や造園、
また、心の作法にまで究極の美を求め、
戦国の世を突き進んで行きました。
学ぶことは、自分の言葉の重みをつくることでもあります。
言葉の重みをつくり、それを発信するという責務を負ったとき、
ようやく学んだ苦労が報われるのです。

109

あらゆることに博識になる

ある程度の年齢と経験を積んだとき、
社内からの情報だけでは仕事ができない、
というよりも、してはいけないことに気が付きます。

あなたから抽出される言葉や表現の源は、
蓄積した知識や経験によるものです。
インプットする量と質が、
アウトプットする量と質に比例します。
だからこそ、たくさんの知識を習得するのです。
それには、社内やあなたの近くの情報だけでは事足りません。

あわよくば、「自分には無関係」と思われるものにまでのめり込み、掘り下げ、
博識になっていくことが望ましいのです。

110

責任感が、重みをつくる

自らに大きな責任があるという立場。
自らの決断によって状況を左右するというリスク。
苦しんだり、つらいことを克服した経験。

そんな、「重たいもの」を背負うからこそ、
存在は重く、大きくなっていくのです。

裏を返せば、
多少の緊張感と責任感を背負っていなければ、
またはそのような経験をしたことがなければ、
言葉が生き、説得力あるものにはならないのです。

111

プレッシャーがあなたを伸ばす

人はギリギリの局面に立たされたとき、
どうにかして答えを絞り出します。
押し迫った状況が、潜在意識を活性化するのです。

責任を持って何かを決めるときや、
自分がいないと進まないというときこそが、
大きな成長のポイントであり、
能力を発揮・開花する瞬間なのです。

112

自ら動き、自ら取りに行く

頭だけで知識を身につけている人の言葉が、物足りなく感じることがあります。

おそらく、自らの体と足で情報を取得することを怠けているためでしょう。


欲しい情報はどこにありますか？

そこへ向かって、すぐに出かけてください。


頭や手先だけでなく、現実を身体ごと味わい、身体で情報を取得するために出向くのです。


ネットやテレビでも情報は取得できます。

しかし、わざわざ発信源に自らが出向いて、当事者からの一次情報を入手してください。

バイアスのかかっていない真実を、自分の感覚と価値観で捉えるのです。

113

語ることで、努力を後押しする

叶うかどうか判らないほど少し大きめの目標を掲げたとき、
そこに到達できない、
つまり挫折する可能性を高めることになります。

しかし、その大きな目標を人前で公言してしまった瞬間、
人は、そこに追いつくために拍車をかけるのです。
公言することで挫折の可能性を下げ、
掲げた「少し上」の目標を達成するための力が芽生えます。
引き下がれない自分をつくり、達成するための覚悟を宿すのです。

114

プラスの言葉で存在感を保持する

「できません」

「難しい」

「誰でもよいのでは」

「私がですか？」

あなたの価値を失う、マイナスの言葉です。


忙しさに追われていたり、納得感のない仕事を任されたときにでも、

「プラスの言葉」に変換できれば、あなたの価値は高まります。

あなたにとってマイナスな仕事を、
あなたの工夫でプラスの仕事に変えてみせるのです。

115

課題を明確にする

新しい発想をしようとするとき、
「頭が固い」「もう若くない」というセリフをよく耳にします。

発想、企画の手法にも「基本」が存在します。
それは、「何を、どうしたいのか」、しっかりと考えるだけです。
ここを曖昧にしてしまうと、道のりも、ゴールも
素晴らしいものにはなりません。

そのためには、課題を的確に設定し、
たくさんの原因を上げてください。
「原因」に対して、具体的な解決策を導き出していきます。
前例に縛られることなく、あなたの頭の中の常識にも縛られず、
原因に向き合えばいいのです。
それは、誰にでもできることです。
頭の固さや若さは、あまり関係がないのです。

116

揺るぎない個性をつくる

「弱点を克服すること」と、
「強み・長所をさらに高めること」、
どちらかといえば、「強みの強化」を優先したほうが得策です。

既に強いところをさらに伸ばせば、
それは誰も真似のできない、高いステージでの個性となります。

強い個をつくりあげることで、
あなただけが語れる、
重みある言葉を発することができるのです。

117

ゼロから考え直す

流れの速い時代、企業も人も変化しなければ乗り遅れ、取り残されてしまいます。

安定期を経験してしまうと、それをベースに考えてしまうため、「変わる」ということを恐れるようになります。

しかし、今の時代は変わらないことのほうが、逆にリスクです。

昔のやり方に執着せず、「新しい目」、「新しい感覚」によって、ゼロベースで新しい考えをつくる勇気を持つのです。

118

自分らしく人生を楽しむ

果敢にチャレンジし、前に向かって進んでいるからこそ、
挫折や障害は起こり、後悔をすることもあるのです。

失敗した後には、
どうしても反省し、落ち込み、辛い時間がやってきます。

しかし、さらにもう少し時間が経ったとき、
そのようなつまらないことに気を取られていることが、
一番のロスであることに気付かされます。

少しでも早く無駄な時間を使わず、
引き続き、前向きで驚きに満ちた人生を歩みましょう。

119

夢や目標のための時間

朝を迎え、身支度をして会社に出かけ、仕事をして、仕事を終え、
同僚と食事をして、帰宅する。

さて、あなたの夢や大切なことを考える時間は、どこに入れますか？

「仕事を終えた後」が一番入れやすいでしょう。
しかし、それでは、
手前にある仕事の状況や身体の疲れなどによって、
大切な時間を作れない日が発生してしまいます。

もしも、1日の最後ではなく、
他のスケジュールに影響されない「朝一番」に
その時間をつくることができるなら、
夢の実現が少しだけあなたに近づくかも知れません。

120

シナリオを描くのは自分

「できないかもしれない」と、弱気な思いが心をよぎったとき、
なぜか、「できない」方向に事が運ばれていきます。

「できる」と、強く心に言い聞かせたとき、
なぜか、「できる」可能性を広げ、その方向に事が運ばれていくのです。

成功や実現のある程度は、
自らの心に宿す「思い」の強さで動かせるのでしょう。

つまり、成功や達成は、ある程度は意志によるもの。
シナリオを描くのは自分であり、
意志や精神状態によって着地点が変わります。
願い続け、あなたの想いを成就させるのです。

第11章

意志を貫く

誰の目でもなく、自分に恥じない道を歩く

千利休という人物。
七十年の人生において、歩みを止めることなく感性を研ぎ澄ませて、
伝統や歴史に捉われることなく、「個」を打ち立てました。
人生の主役は明らかに自分です。
いくら言い訳をして逃げてみても、
道の先を照らす明かりは自分の目であり、
道の先へ進む動力は自分の足です。

121

中途半端になるなら、絞ってしまう

覚悟を決めて、１つのことに集中するとき、
他のいくつかを犠牲にすることがあります。
たとえば、大きなチャレンジの犠牲に、
「安定」があるとき。
踏み出すのを躊躇してしまうこともあるでしょう。

迷いが生じ、安定に少ししがみついたような体勢で
チャレンジをはじめたとき、
バランスを失い、両方を失うのです。

「挑戦する価値があるかどうか」をしっかりと考え、
大切な片方は必ず手に入れてください。

122

あなたが異動しても、成し遂げたものが残る

「こうしたい」という発想が浮かばなければ、「こうすべきだ」という気持ちに進化していくことはありません。自分の考えを持つことが、活躍するための最初の一歩です。

いつしかあなたがその「こうすべきだ」という仕事を成し遂げて、ポストを外れ、新しい場所に異動したとき、後からそのポストに来る人が、あなたを評価するでしょう。「彼はこういう仕事をしたのだ」と。

成し遂げたものが、後任の誰かに繋がり、新しい咀嚼によって、新しいものが生み出されるのです。

123

柔軟に進化させていく

あなた自身がここから先を歩む道も、
周囲に当たり前のように存在する常識や定説も、
あらゆることが、「成長」「改善」を待っています。
数十年変わらないものも、変わるときを待ち望んでいるのです。

「既に決まっていること」などありません。
どこかで何かが進化すれば、
それがあなたの仕事や未来に影響を及ぼすかもしれません。

新しい計画をたてるときに、
絶えず、あらゆるものが変化していく状況の中で、
しっかりと状況を見て、
最も効果的、機能的な方向を選択してください。
過去の成功事例や使い慣れた手法に縛られるのではなく、
臨機応変に柔軟性を持って、
本当によいと思ったものを採用するのです。

124

責任感が勝手に動かしてくれる

「責任」を果たすために必要なものは、忠誠心です。
責任を重く感じ、
それを果たそうとするひたむきな姿勢と気持ちが芽生えなければ、
その仕事を進める資格はありません。

責任を果たそうとするとき、
そこに「権限」や「役職」の有りなしは、あまり関係がないのです。
本気ならば、忠誠心が芽生え、
責任感が勝手にあなたを動かすはずです。

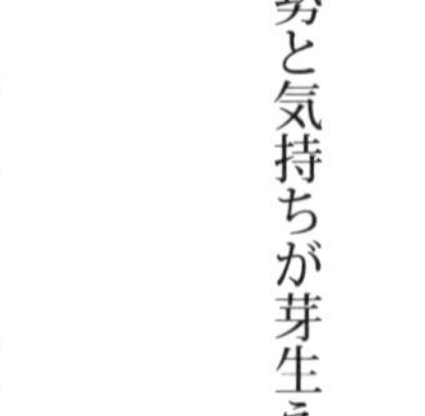

125

ピラミッド組織の死角

多くの組織は、上から下へ指示が下りる、
いわゆるピラミッド型のものでしょう。
役職の高い人が低い人へと業務命令をする。
与えられた命令は業務における目的、目標となります。
この「目的、目標」は、あなたの「やるべき仕事」です。

与えられた枠での最大発揮は、当たり前にやるべきことです。
しかし、当たり前を超える仕事が、
ピラミッドの死角に存在するのです。
そして、この「ピラミッド」の死角にこそ、
イノベーションのヒントが隠れています。

ピラミッドの上部からでは、
本当に必要で、本当に価値のある仕事が見えないことがあるのです。

126

意見を裏付ける

感性のまま、自分の意志で仕事をするというのは、
反面で、他人の感性を退けることにもなります。
意志を貫くためには、
一度その「他人の感性」にも触れてみる必要があるのです。
本当に自分の考えが正しいか、修正の必要はないか。
それを裏付けるために、
他の意見にも耳を傾けるように心がけましょう。

127

実験を歓迎する空気

世界一のアスリートも負けたことがあり、
誰もが認めるキャリアを持つ経営者も失敗の経験があります。

「やってみよう！」という決断が容易に出来る環境が、
人のエンジンをかけるためには必要なのです。

挑戦しなければ、それが正しいのか、正しくないのかさえも、
何も解らないまま終わってしまいます。

失敗を恐れず、避けずに挑みましょう。
会社はその環境を与えるべきです。

その失敗から、できるだけ多くを学びとればいいのです。

128

バイアスの外側をイメージする

できあがっているものには、
つくり方のマニュアルが存在します。
しかし、「美しく働く」ことに、方程式やマニュアルはありません。

平均点あたりの仕事を生涯やり続けるならば簡単ですが、
「公式の通りに従えば、いい仕事ができる」
なんてことは、残念ですがないのです。

頭の中のバイアスを壊し、
世間の中の通例を壊した外側に、
「平均点を超える仕事」が存在します。
その〝外側〟というイメージを描けるかどうかが、
面白く仕事を仕掛けていくための鍵になるのです。

129

変革させる力

「ミスなく、そつなくこなすこと」
「変革すること」
この対極に見える2つを実行することが、
いわゆる〝仕事〟です。

ますますスピードが加速する時代に、
変わりゆく外部環境、ニーズに対応して、
あなたの仕事や会社が朽ちていかないために、
変革させる力を持つ必要があるのです。

ミスなくそつなくこなすルールはありますが、
変革するためのルールはありません。
だから、あなたの中から湧き出るように、
変革のためのルールや考え方を
構築していかなければならないのです。

130

分かれ道は自分で選ぶ

選択、つまり「分かれ道」の前に立つとき、
自分に向き合い、じっくりと見定めて
どちらに進むかを決める方法もあれば、
インスピレーションを信じ、直感的に方向を決める方法もあります。

場合によって、そのどちらも使い分ければいいのですが、
たとえ軽はずみに即断したとしても、
それは今まで蓄積してきた経験に裏付けられた、
あなた自身の導いた「勘」が決めたことです。

重要なのは、「自分で決める」と言うことです。

131

だから、夢へ向かう必要がある

「べつに、成長や夢へ向かう必要なんてないのでは？」
「面倒だし、本気で働くのも疲れる。今のままでよい」

安定、つまりある程度の収入、幸せを手に入れたとき、
そうなる人もいるでしょう。

人生は1度です。
誰もが少しは、自分の持っている可能性を最大発揮し、
誇示したいという衝動に駆られるはずです。
およそ八十年、たったそれだけの短い時間で、
生物として「生きている」ということではなく、
自分は「何を残せるのか」。

一瞬とも言えるその道のりの中で、
自らの志やポテンシャルは、
可能性をどこまで伸ばし、開花させられるのかを考えてみたとき、
心のどこかで成長や夢へ向かう理由を明確に感じるのです。

132

今日も進むしかない

可能性が開花した瞬間、あなたの中でそれは「生き甲斐」になります。

誰もが大きな、無限大の可能性をもって生まれてきます。
しかし、それは可能性に過ぎず、開花の約束もされていません。
小さな花の一輪も咲かせないことだってあり得るのです。

だからこそ、「成長しよう」「頑張ろう」と、心が誓うのです。
「成長」と「喜び」がイコールであるから、
今日も可能性を信じて突き進むしかないのです。

❖――エピローグ「茶の余韻」

千利休を題材にしたビジネス書。この企画が成立するかどうかまだ模索していた頃のことです。

古い茶器が多く展示されている博物館や、利休に関わる史跡が多く残る「京都」「堺」などを視察する日々を過ごしていました。

そんなある日の京都です。いつしか夕刻に近づき、利休終焉の地に近い「晴明神社」あたりを歩いているとき、お寺の鐘の音が風に乗って聞こえてきたのです。距離は分かりませんが、それほど近くないところから数回聞こえてきました。

この鐘の音こそが、この書籍の方向性を決定づけてくれることになったのです。


「余韻」。

日本人は、余韻の心地よさを感じることができる繊細さと感受性を持っています。

これが「読者・著者・茶道に関わる方々を含めた全日本人の根底にある」。

その前提で全ての文字を書き連ねようという試みでした。


鐘の音が鳴り終わったのちに、かすかに残る響き。

いや、それどころか音が完全に消えたのちも、なお耳に残る記憶のようなもの。

「耳が脳に近いから」そのような感覚にいつまでも浸れるのでしょうか。

身体の仕組みなど詳しくもない私が浮かべたその考えは、「余韻とは、音だけではない」という、瞬時にそれを却下する案が自分の頭をよぎるのです。

何か、事が終わった後に残る風情や味わいも余韻であり、そもそも、人が思い出や感動に浸るとき、その浸っている時間は既に、余韻の中にあるのです。

それならば、余韻というものが脳や心のどれだけを占めるのか。

思い出や感動という「心地よさ」を司るとすれば、計り知れないほどの時間量であり、重要なものだと気付いたのです。

そして何より、人それぞれ余韻に対する捉え方は異なるのです。つまり、人によって捉え方が異なってもいいのではないかという考えを、この本の一文一文にあてはめてみたくなったわけです。

翌日、もう少し茶道の臨場感を味わいたいと思い、あらためて茶道教室と茶会に足を運びました。

京都のどこかのお寺から聞こえた梵鐘の余韻を耳で捉えたときに、茶道に身を置く人たちの「心」も、それと同じではないかと考えたこともあり、自らの身を茶道の中に置いてみたくなったのです。

「茶道から学ぶもの」とは何でしょう。

たとえば料理や書道で学んだことは、そのまま自分のスキルとしてダイレクトに反映されます。明日の献立や手紙にすぐ使えます。スポーツやヨガなどは、自分の健康や体力づくりにそのまま反映されるのです。

それに比べ、茶道は反映される速度が遅い。

数年間のうち何度となく足を運び、やがて茶の作法が自然ににじみ出るようになったとき、ようやく自らの姿に学んだことが反映されるのでしょう。

「気が付いたら美しくなっている」という感じでしょうか。

茶道から学ぶことが「心」であるから、ゆっくりと心に好影響を与えていくために、習ったその日ではなく、少しずつ、後から染みわたっていくのです。

つまり、リアルタイムに茶を愉しんでいるときだけではなく、日々の私生活の中に茶道の経験が少しずつ生きてくる。

まさに、「余韻」と言えるものです。


茶会で横に並ぶ和服姿の女性たちを見たとき、茶道から学ぶものは、「日本そのもの」であると感じました。

日本そのものを学ぶことがビジネスにも重要であることは、海外も含めた現代社会が「おもてなし」を筆頭とした日本人の伝統的なサービスに注目していることにより実証されています。

この「余韻を許りしる」日本人ならば、たとえ利休の伝説や情報量が少なく、うっすらとしたものであっても、「美しさの定義」「仕事に対する姿勢」は、それぞれが持つ余韻の力が勝手に創造力を増大させ、伝わるであろうと信じ、躊躇なく執筆をすすめたわけです。

茶会の帰り道。ふと、左手に持つペットボトルに目をやると、「おいしさは香り」と明記されていました。飲料としてのお茶には、「おいしさ」を求めていることを、あらためてここに認知するのです。

飲み干す手前で、飲み口に鼻を近づけ、香りを確かめてみましたが、それほどの香りは感じられず、安定の日本茶の味だけが、心と喉の渇きを潤してくれるに留まりました。

しかし、飲み干して、渇きが潤った数秒後のことでした。少しの香りが「余韻」という力を借りて、後を追いかけるように脳裏に強く押し寄せてくるのです。

【参考文献】

『利休にたずねよ』山本兼一（著）ＰＨＰ文芸文庫
『All about Rikyu　今、日本人が学ぶべき人――千利休』淡交社
『千利休』芳賀幸四郎（著）吉川弘文館
『利休大事典』千宗左・千宗室・千宗守（監修）淡交社
『南方録』久松真一（著）淡交社
『接客は利休に学べ』小早川護（著）ＷＡＶＥ出版
『知性を磨く「スーパージェネラリスト」の時代』田坂広志（著）光文社新書
『仕事の報酬とは何か』田坂広志（著）ＰＨＰ文庫
『不況を逆手にとる経営――ピンチをチャンスに変えた七人の侍に学ぶ』多田勝美、その他（著）ごま書房
日本政府観光局公式サイト
裏千家公式サイト
表千家公式サイト

『茶話指月集』久須見疎安（著）
『晴豊公記』勧修寺晴豊（著）
『兼見卿記』吉田兼見（著）
『多聞院日記』
『夏山雑談』平直方（著）
『南方録』
『秀頼公御小姓古田九郎八直談、十市縫殿助物語』
『武功夜話』
『茶の本』岡倉天心（著）
『茶話指月集』久須美疎安（著）
『茶道講義』田中仙樵（著）

【著者略歴】

１９７３年　東京都出身。

『モビリティランド（鈴鹿サーキット）』『柿安本店』のＰＲ部門を経て、現在は『大東建託』の同部門に在職。２０１３年より、企業に所属しながらビジネス書の作家として活動を開始。ものづくりや販促、マーケティングに重要である「感性」を育てる方法や、感性を重要視した働きかたに関わる書籍を著作している。

また、官庁の観光誘致、大手企業の商品開発など多くのプロジェクトへ参加。企業や学生を対象にした研修、講演、異業種交流会の主催なども行っている。マーケティング従事者約１０００名からなる日本最大級のマーケティング勉強会『商品開発の会』幹事でもある。

・『小さくても愛される会社のつくり方』（明日香出版社）
・『わさビーフしたたかに笑う。業界3位以下の会社のための商品戦略』（明日香出版社）
・『20代でつくる、感性の仕事術』（東急エージェンシー）

ぶれない意見《いけん》のつくりかた

千利休《せんのりきゅう》・自分《じぶん》らしく働《はたら》くための11作法《さほう》

NDC159

2015年11月15日　発　行

著　者　濵畠《はまはた》 太《ふとし》
発行者　小川雄一
発行所　株式会社 誠文堂新光社
〒113-0033 東京都文京区本郷3-3-11
（編集）電話03-5800-5779
（販売）電話03-5800-5780
http://www.seibundo-shinkosha.net/
印刷所　星野精版印刷 株式会社
製本所　和光堂 株式会社

ISBN978-4-416-91533-2